| 目次 | 一部 | 二部 | 三部 |

はじめに …2

マンガ ある日の夕食
　こうして、おばあちゃんの負の連鎖は断ち切られた …7

本書の使い方 …12

1部　人生を自己申告してみよう …14
　　　1. 私の人生を申告します …15
　　　2. もっと私のことを知ってください …20

2部　認知症になっても大丈夫！ …25
　　　1　秀喜さんの様子が何か変だ …27
　　　2　地域包括支援センターに相談に行く …28
　　　3　認知症専門医を受診する …29
　　　4　認知症初期集中支援チームの支援を受ける …30
　　　5　ご近所の力 …32
　　　6　要介護認定を受け、介護サービスを利用する …33
　　　7　健康管理で認知症をフォロー …34
　　　8　上手に往生 …38

　　娘孝行のための備え …39
　　事前指示書（リビング・ウィル）の意義 …41

3部　元気に老いるために私のからだをチェック …44
　　　健康寿命のための観察記録 …45

　　フレイル予防の考え方 …48

【はじめに】

長い老後をよりよく過ごすために

●長生きするほど誰でも認知症になる

　認知症は加齢が一番のリスクです。下に掲げたグラフを見てください。年齢階級別の認知症の有病率は、高齢になるほど急上昇します。人生 90 ～ 100 年が当たり前の長寿社会になりました。長生きしたい方は、健康寿命の努力をしながら、一方ではもしも自分自身が認知症になったときに備え、この自己点検ノートを参考にして、ご自分の生い立ちを整理してみませんか。

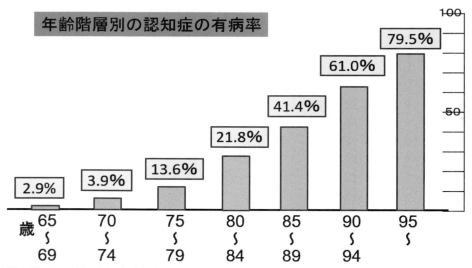

資料：厚生労働科学研究費補助金「認知症対策総合研究」（研究代表：朝田隆）平成23年度～24年度

●なぜ生い立ちを整理しておく必要があるか

　このノートは、私（監修者）が認知症になって、判断能力が落ちる前の元気な頃の私を知らない人が私の介護をするようになっても、私をただのぼけた老人として扱うことがないように、私の思いや願いを私に代わって伝えてくれるノートです。

　私がこのノートをつくったきっかけについてお話します。妻の母親が認知症になりました。義母は、義父の介護のもと、デイサービスを利用しながら自宅で暮らしていましたが、初期の頃義父は認知症に対する知識がなく、義母の言動・行動に対して、是正指導、教育的な対応に終始しており、そのこ

とが義母には相当なストレスになっていたようです。

その様子を見かねて、近くに住む介護関係の仕事をしていた娘（妻の妹）が、本格的に義父のサポートを開始しました。結果、義父が認知症を理解することで、義母への接し方が変わり、義母のストレスは軽減し、いわゆる問題行動（今日でいうBPSD：行動・心理症状）は少なくなりました。

その経緯を見てきた私は、周囲の人には不可解に思える義母の行動は、義母が過ごしてきた人生と密接な関係があるように感じました。義母の過去に今の特異な行動を解く鍵があるように感じたのです。経験し、蓄えられている情報によって、人は判断し、行動します。認知症といわれる人たちも、その人なりの認知の仕方をして生活していると考えられます。

何を経験し、何を蓄えてきたのか、それを記録しておけば、介護者の役に立つのではないだろうか。もし私に介護が必要になった場合を想定して、私の不可解な行動の背景を探るヒントを、今から用意しておいたほうがいいのではないかと考えました。それは、介護者側の主観的判断により私が受けるストレスをできるだけ避けたいと思ったからです。

これが、このノートをつくろうと思った最初の大きな理由です。つまり、いくら歳をとっても、普通にコミュニケーションができる能力があれば、このノートはいらないのです。

●備えあれば憂いなし、その①（「介護され上手」になるために）

「痴呆」という用語を認知症に変更したのは2004年12月からです。用語の変更に併せ、認知症理解のキャンペーンが始まりました。しかし、いまだに「恍惚の人」（有吉佐和子1972年）のマイナスイメージが強烈に残っていて、「認知症になったらお終い、何もわからなくなるのだから」という恐怖感・先入観が、認知症とみなされた本人と家族を奈落の底に突き落とします。

長生きしたいと思っているあなたは、認知症になるかもしれません。本書を読んで認知症とみなされた人の心境を知り、自分が認知症になった場合でも、周りの人から自分のプライドを大切にした「顔を立てる」付き合い方をしてもらえれば、ストレスに満ちた生活にならずに済み、認知症の進行は緩やかになることを学びましょう。

そして、介護を上手に受けるために、第1部で紹介する人生申告の記入要領を参考にこれまでの人生を振り返り、老いの準備運動として自分の棚卸をしてみましょう。

人生申告の有効性の理論的裏付けとなる「パーソン・センタード・ケア」（6頁参照）の考え方を、あらかじめ夫婦、親子が知っておくと、認知症の人の行動を理解するのに役立ち、本人と家族が悪循環に陥ることを防止できます。

●備えあれば憂いなし、その②（認知症を予防するために）

人生90〜100年時代ですが、みんなの願いは単に長生きすることではなく、「健康寿命はできるだけ長く、不健康寿命は短い」軌道を描いて人生のゴールを迎えたいと願っているのではないでしょうか。言い換えれば"満足死""平穏死""自然死""ピンピンコロリ"などという表現もあります。

でも、中途半端な「お迎え」に出会うと、身体の右半分、左半分、頭の一部が機能不全に陥り、不健康寿命が長くなってしまいます。

そのため、"ピンピンコロリ（PPK）"を願って"ぽっくり寺参り"をしたいと思う人もいることでしょう。しかし、満足死は願うだけでは実現しません。それなりに"自己防衛"の努力をしなければなりません。

健康寿命の追求はまず、自分の足下を見つめることから始まるのです。自分を見つめ、時間の使い方を自分で考えることが自己防衛の出発点です。年金が削られる老後を覚悟すればこそ、医療や介護関係の望まない出費が少ない老い方をめざす必要があります。そのことによって穏やかに棺桶に入ることが可能になるでしょう。

認知症予防は、健康寿命の追求そのものであり、若い時からの生活習慣病の予防と、高齢になってからの閉じこもりによる廃用症候群の予防が2本柱です。この考えを図に示すと次のようになります。この考え方を日記風に表したのが、第3部で紹介する健康寿命のための観察記録です。さっそくあなたも日々の暮らしぶりを記録してみましょう。

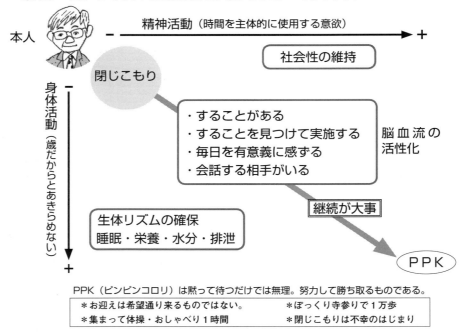

●あなたも自己点検してみましょう！

　このノートは自分が記入し、自分で振り返る自己評価方式のノートです。記入様式はノートの発行元のCLCのホームページからダウンロードしてください。具体的に記入していくことで、より自分を客観化でき、老いることを自分自身の問題として考えることができるようになります。老いを自分の問題として考えることは、介護を受けるための準備だけではなくて、健康寿命のためのひとつの準備でもあります。長い老後をどう過ごすか……、ノートに記入する過程の中で自分自身の課題が見えてき ます。認知症にもなるかもしれません。……この機会に準備しておきませんか。このノートがそのきっかけになれるはずです。

●認知症を他人事だと思っていませんか？

　認知症になるとつじつまの合わないことを言ったり、とんちんかんな行動をとるようになり、その後しだいに、排泄がままならなくなり、家族の顔さえもわからなくなってしまう……、連日のようにテレビ・新聞などで悲惨なイメージが伝えられています。「でも私には関係ないわ…」と思っていませんか。本当に関係ないのでしょうか。まわりを見てください。あなたの身内や知り合いで、認知症になった人やその介護をしている人がひとりもいないという人のほうが、珍しくなっていることに気づくでしょう。

　長生きしたいあなた、認知症有病率のグラフをみたあなた、もう認知症は他人事ではなく自分に身近な問題だと認識したことでしょう。

●認知症の理解と地域づくり

　認知症とは、私たちの精神活動や身体をコントロールする脳の細胞が死んだり、働きが悪くなることに起因して、生活するうえでさまざまな支障が生じる状態を指します。認知症になると、今自分がおかれている状況を「認識」し、「理解」し、「判断」するという認知機能がうまく作動しないために周囲と軋轢が生じ、本人も不安や混乱に陥ります。

　認知症の人の不安や混乱を少なくするためには、周りの人の関わり方がとても大事になります。認知症の人が安心できる環境は、次の４点に長けた人に囲まれることです。①認知症に関する若干の知識があったうえで、②認知症本人のつらい心境を汲み取る感性があり、③同じことを繰り返し聞かされても怒らない忍耐力もあり、④腹を立てずに本人の顔を立てる演技ができる人です。ただし、このような感性、忍耐、演技を個人の力量にだけ求めるのは酷です。地域の中に家族のストレスの発散を手伝ってくれる人や、家族に精神的余裕を提供できるサポートが必要不可欠です。

　認知症を他人事だと思っている人は、認知症になった人のことをどのように理解したらよいのか、という発想が浮かびません。認知症になった人にとって、そういう無理解な人たちの中で暮らすのと、ある程度の基礎知識をもった人たちの中で暮らすのとでは、受けるストレスは雲泥の差があります。

次頁からのマンガを見て、その差について考えてみてください。

豆知識コーナー

認知症の人の行動の背景を探り、その人が今どのような体験をし、どう感じているのか、周囲の人が理解し、支えようとする考え方である「パーソン・センタード・ケア」を知っておくことは、本人と周りの人が引き起こす悪循環の防止に役立ちます。

パーソン・センタード・ケアとは、イギリスの心理学者トム・キッドウッド教授（1937～1998）が1980年代に提唱した考え方で、「認知症になった人々の行動や状態は、認知症の原因となった疾患のみに影響されているのではなく、その他の要因との相互作用である」という構造を紹介したものです。

1．脳の認知障害（アルツハイマー病、脳血管障害など）
2．健康状態、感覚機能（既往歴、現在の体調、視力・聴力など）
3．個人史（成育歴、職業、趣味など）
4．性格（性格傾向、対処スタイルなど）
5．社会心理（周囲の人の認識、環境など人間関係のパターン）

（参考資料：映画「毎日がアルツハイマー2」〈関口祐加〉）

認知症の人と上手に付き合うためには、このような5つの要因の相互作用であることを理解しておくことが必須です。あなたにこの構造をご理解いただければ、これまで述べてきた「生い立ちの整理」（上記の個人史・性格）の必要性や「備えあれば憂いなし」（介護され上手）の準備を始めようと気づいたことでしょう。

ある日の夕食
〜こうして、おばあちゃんの負の連鎖は断ち切られた〜

> 妻の実家を訪問した際に、認知症になった義母がパニックに陥ったものの、理解ある娘の対応で見事に負の連鎖が断ち切られる経過を経験しました。
>
> 認知症の人は絶え間ない混乱・不安の中にいます。大切なことは、本人と周囲との間に負の連鎖を発生させないことですし、発生したら早期に断ち切ることです。
>
> そのためには、負の連鎖の構造を知ることが必要です。マンガ「ある日の夕食」がそのお役に立つでしょう。

【本書の使い方】

老いの準備運動を始めよう

　第1部は、今までの人生の歩みと自分の性格、趣味嗜好、輝いていた時代の暮らしぶりなどの記入要領を紹介しています。認知症になった石黒の顔を立ててほしいという願いです。第2部は、私が認知症になってしまったらどうなるのか、という物語です。私石黒へのケアの中で、このノートがどんなふうに役立つのかを示しています。第3部は健康長寿のための観察記録の意味と記入要領です。

　人が生まれて死んでいく過程を大まかに把握するとしたら、次頁のようになるでしょう。本書が提案する4つの記録が該当する時期を図に示しました。人生を上手に終焉させるための準備はさまざまでしょうが、まずこの4つの記録から始めてみようというのがこのノートの提案です。

　このノートに記入していく過程で、新しい自分との出会いがあるかもしれません。

　たとえば、社会の中でそれなりの地位を築いてきて、周囲からはふてぶてしいヤツと思われているけれど、じつは理髪店で「かゆいところはありませんか？」と聞かれて、つい「ありません」と応えてしまう気の弱い自分がいたり……。本来の自分を相手にわかってもらっておくと、お互いのストレスが少なくて済むでしょう。

　自分ひとりで記入していくのもいいのですが、たとえば夫婦で取り組むのもまた楽しいかもしれません。「あら、そんなこと考えてたの？」なんて、相手の意外な一面に気がついたりして。

　親の介護がそろそろ気になるあなた、ご両親に渡してみたらどうでしょう？　何をしてほしいか、何をしてほしくないかが具体的に見えてくるでしょう。自分自身とのつきあい方だけでなく、親とのつきあい方も見えてきます。

　サロンなど、仲間が集まる場で使ってみましょう。地域で老いを支える、考えるヒントになるでしょう。書いたものを必ずしも見せ合う必要はありませんが、書く過程での会話からまた新しい気づきが生まれるでしょう。

　併せて、身近な人が認知症になった時に備えて、「認知症サポーター養成講座」（37頁参照）を受講しておくと、このノートの意義がより理解できるようになるでしょう。

ライフサイクルにおける本書のポイント

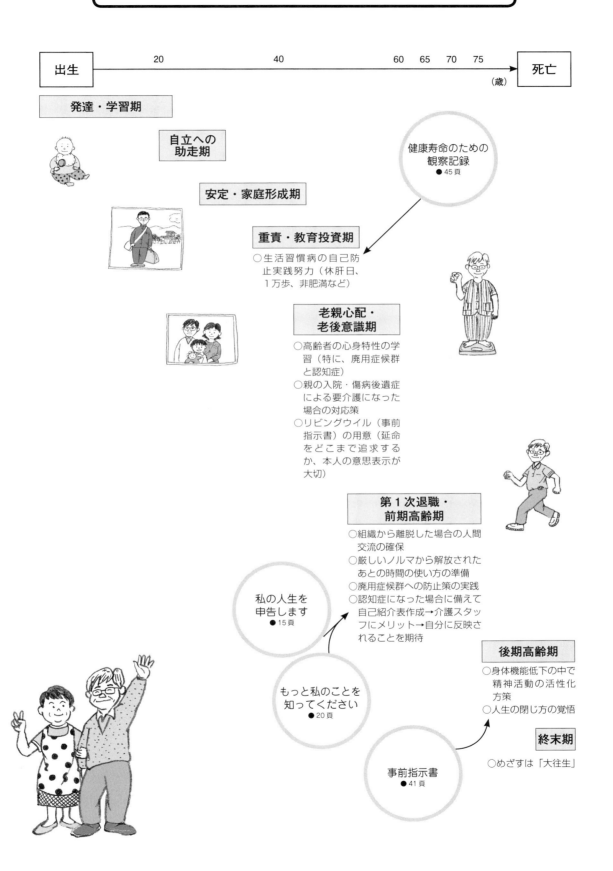

人生を自己申告してみよう

1部・3部で紹介している表はすべて全国コミュニティライフサポートセンター（CLC）のホームページ http://www.clc-japan.com/ からダウンロードできます。

1. 私の人生を申告します

　介護者が介護をするうえで知っておきたい情報が、あらかじめメモされていれば、介護する側も受ける側も助かるでしょう。この「人生歴申告表」には、あなたが生まれてから現在に至るまでの道のりを記入してください。全部の項目を埋める必要はありませんし、書きたくないことを書く必要もありません。写真などを併用して、アルバムふうに仕上げるのも楽しいですね。

　認知症になった人はよく、過去の時代（自分が一番輝いていた頃が多いようです）にワープして生活していると錯覚する場合があります。その際に、いまどの時代にワープしているのかを介護者が知ることは、よき介護関係を築いていくうえで大きな情報となります。

　職業、育った地域の環境・文化などを記したこの「人生歴申告表」が、認知症のある人の固有の行動を理解するための大きな情報源となるでしょう。

◎案内役は、私石黒秀喜（いしぐろひでのぶ）です。67歳で仕事を辞め、今は自称「老い支度クリエーター」なる肩書で趣味活動を楽しんでいます。
　私の人生を大まかに紹介すると以下のようになります。

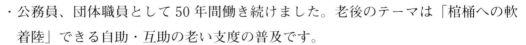

・私の出身は北海道。7人きょうだいの末っ子です。家業の農業を手伝う素直な少年でした。
・高校卒業後上京。公務員として働きながら夜間大学を卒業しました。
・23歳で結婚。風呂のない小さなアパートからの出発でしたが幸せな毎日。
・8年後、長女誕生。仕事が忙しく深夜の帰宅が続きますが、保育園の送りだけは続けました。そうしないと子どもとの接点がもてなかったからです。

・公務員、団体職員として50年間働き続けました。老後のテーマは「棺桶への軟着陸」できる自助・互助の老い支度の普及です。

時代	家族のこと	印象に残っているできごと ・好きだった歌手　・役者／好きだった歌、映画、TVドラマなど	写真
誕生	祖父母、父母、長姉＋男6人の末っ子、ほかに父の妹とその娘の13人家族	・昭和25年3月、北海道大沼公園の近くに生まれる。	
就学まで	叔母が再婚し、長姉も結婚して家族の縮小化がはじまる	・農家の大家族の中に生まれ育つ。 ・特に記憶に残っていることはない。母親からほとんどしゃべらない子どもだったと聞いたことがある。 ・母親は「おしん」のように苦労したらしい。	
小学校	祖父老衰死PPK (84歳) (昭和35年)	・50人1クラスで6年間過ごす。内気でおとなしい小学生。母親に内弁慶と言われた記憶あり。 ・高学年になって、家業の養豚（300頭）、養鶏（3000羽）の一部を手伝い始める。子豚とヒヨコはかわいかった。	
中学校	祖母老衰死PPK (82歳) (昭和39年) 長兄交通事故死 (昭和39年) 次男が家に戻り、家業を継ぐ	・バレーボール部に所属。徐々に周囲とうち解けることができるようになってきた様子。しかし、依然として人前で話すことは苦手。 ・家業の手伝いはかなりまじめにやっていた（養豚、養鶏場の清掃、給餌など）。	

時代	家族のこと	印象に残っているできごと ・好きだった歌手　・役者／好きだった歌、映画、TVドラマなど	写真
10代後半	この当時家に残っていたのは、父母、次男、五男と六男である自分の5人	・函館市内の公立高校に毎日汽車で通学。所属クラブなし。1年生の後半頃から勉強についていけなくなる（理解能力が低いうえに、予習と復習を自発的に行うという自己管理能力に欠けていた）。 ・家業の手伝いは相変わらず比較的まじめにやっていた。登校前にブロイラーを料理屋に配達、下校時に集金と翌日の注文を聞いて帰るのが日課。汽車の待ち時間は喫茶店で友人と遊んでいた。 ・大学進学も就職先も何も考えてないなかで、何となく偶然、公務員になる。 ・就職とともに家を離れ、社宅住まいになる。 ・父親から「タダ酒」は公務員を堕落させるので慎むように戒められる。	
20代前半	19歳の時に母親が肺ガンで死亡（59歳） （昭和44年） 入院期間約2か月 23歳の時に結婚 （昭和48年） 妻もフルタイマー労働者	・2年半勤務して東京に転勤（上司に勧められたことがきっかけ）。 ・昭和46年〜50年、夜間大学に通い卒業証書を手にするも、登校、勉強はほとんどせず。	
20代後半	倦怠期を何とか乗りきる	・昭和50年本社転勤。2〜3年ごとに部署を異動しながら同じ建物の中で勤務。 ・官舎が遠く、通勤に苦労。 ・有楽町のガード下でよく同僚とホッピーを飲んでいた。	

時代	家族のこと	印象に残っているできごと ・好きだった歌手　・役者／好きだった歌、映画、TVドラマなど	写真
30代	父死亡（76歳） 入院期間約2か月 （昭和55年） 長女誕生 （昭和56年）	・係長として毎日残業の日々。 ・娘の保育園の送りは父親の担当とする。夜の帰りが遅く、父子の接触は朝のみであるため。 ・昭和59年に建て売り住宅を購入して引っ越し。 ・娘の小学校のPTA活動として行われていたバドミントンクラブに参加する。 ・仕事の関係でアルコール依存症の自助活動「AA」を勉強。酒害者の体験談を聞いているうちに自分も似たような行動をしていると感じ、アルコールの飲み方に問題があると病識をもつに至る。	
40代	平成10年頃から田舎の義母に認知症状出現	・課長補佐に。あいかわらず残業の日々。課長と係長の板ばさみで苦しむことが多くなる。 ・老後の時間をお金をかけずに過ごす練習をするため、日曜日の午前中に近くの特養ホームに行き、ごみの片づけやおしぼりづくりなどを手伝う。 ・仕事では新しいプロジェクトの一員として関わる。	
50代	長女結婚 （平成18年） 夫婦2人きりの生活となる	・管理職となる。 ・尿酸値が9.0と診断されビールを節制しなければと思った時期あり。しかし、生活習慣病予防の継続の難しさを痛感。食事内容とアルコール量に注意する。 ・健康観察日記を毎朝パソコンに記録し始める。 ・身内の苦労話を聞き、認知症問題が他人事とは思えなくなる。認知症発症に備え、人生申告表などをつくり始める。 ・「認知症の人と家族の会」に入会する。「認知症サポーター養成講座」を受講。オレンジリングをつけ始める。	

時代	家族のこと	印象に残っているできごと ・好きだった歌手　・役者／好きだった歌、映画、TVドラマなど	写真
60代 前半	孫誕生 義母死亡（87歳） （平成23年） 義父死亡（96歳） （平成26年） 2人目の孫誕生	・定年退職を迎え、第二の職場に就職する。天下りと批判される。 ・血圧が下がらず、ついに降圧剤の服用が始まる。 ・長女に子どもが生まれ、孫の顔を見る楽しみが増えた。 ・ときどき、『自己点検ノート』の講演を頼まれて、楽しんでいる。	
60代 後半	妻は仕事と娘の育児支援で多忙 濡れ落ち葉にならない暮らしを心がける	・新しい仕事になじめずに適応障害を患う。そのつらい経験を通して認知症初期の人の心境を理解するというメリットもあった。 ・適応障害から脱するため67歳で退職する。仕事を辞め適応障害は治った。 ・認知症の人と家族の会東京支部の世話人見習いになる。時々近くの認知症カフェに遊びに行っている。 ・老い支度クリエーターを名乗り、自己点検ノートの改訂版を作成し、講演と育爺を楽しんでいる。	
70代			
80代			
90代〜			

1部　人生を自己申告してみよう

2. もっと私のことを知ってください

認知症のことを何も知らないまま、通常の認知能力のある人たちの常識で対応すると、双方の思惑にズレが生じ、認知症の人は混乱して特異な行動を起こしてしまいがちです。その行動の元にあるものを理解できない一般常識人が、さらに認知症の人の混乱を助長させることもあるでしょう。

そんな悪循環を早期に阻止し、認知症の人に対するマイナスの影響をできるだけ少なくして、よりよい関係を保つために、「私はこんな人」を明らかにしておきましょう。自分のクセを知っておいてもらうのです。

さらに、あなたが輝いていた（と思う）時代の1週間を書き出してみましょう。

漠然とした不安の中にいる認知症の人は、社会的に忙しかった時代（言い換えると、自分が最も輝いていた時代）に戻っていることが多いと言われています。他者からの援助を受けなければ日常が送れなくなった自分から目をそらしたいのかもしれません。

「なんでこの人はこんなふるまいをするのだろう？」と介護者が思ったとき、この1週間の表があれば、あなたの突飛な行動を納得してもらえるでしょう。たとえば、朝5時過ぎになると「家に帰らなきゃ……」と騒ぐ私は、深夜仕事をこなし、明け方家に戻りシャワーを浴びて着替えて、またすぐ出社という日々を過ごした経験があるからかもしれません。

全部の項目を埋める必要はありません。遊び心をもって、気楽に書いてみましょう。

私から見た石黒秀喜はこんな人です。

- 性格はおだやかで、争いを好まない。八方美人的なところがあり、リーダーシップに乏しい。長所は「協調性」があるところです。
- お酒が大好きですが、「居酒屋で割り勘」がモットー。
- バドミントンが趣味です（初級レベルではありますが）。
- 家事に関しては自立度が高いと思っています。ただし、掃除はあまりしません。妻は結婚以来フルタイムでずっと働いています。
- 身だしなみは無頓着。外出の予定がなければ1日中パジャマでも平気です。
- 定年後のありあまる時間を有効に使うため、認知症の人と家族の会東京支部の世話人に志願したり、認知症カフェに顔を出したりしています。

◆ **介護者へのお願い**：これは私のクセを紹介したものであり、介護者が私のクセに合わせて演技をしていただくための情報です。私にはもう演技をする状況認識能力はありません。周囲の思惑に関係なく、私の直感でしか行動できませんので。

記入・更新日　　年　月　日

実家		・生まれは北海道であるが、生家がなくなってしまったことはすり込まれているはず。 ・生家以外の住まいの中で一番印象に残っているのは、荒川区町屋の家。見当識障害で、「家に帰る」というときは、多分この家である。
旧姓		―
愛称		職場では「石黒さん」、妻からは「ひでくん」
人格性格など	自律度（自己管理能力）	・創造性に乏しいが、ヒントとノルマを与えられると一定の努力はする。典型的三日坊主。上司からのノルマ設定と進行管理がなければ成果を上げられない。 ・学校時代の夏休みの宿題などはいつも中途半端。課題先送り型。 ・書類を家に持って帰っても仕事をすることは極めて稀。 ・積極的に自己主張する場面は少ない。勝ち気な性格ではない。
	他人に対しての対応	・相手の顔色を見て発言する傾向がある。争いごとは苦手。病的に気が弱い。 ・自信がないことでも断れない。八方美人的。リーダーシップに乏しい。相手に合わせるほうが楽。協調性が最大唯一の長所。ホメるが勝ち主義。よく板ばさみで悩むこととなる。相手がいやがるであろうと思うことは頼めない。 ・金銭面では割り勘人生。おごるタイプではない。おごられるのもいやがる。
	話し方	・相手の話はよく聞く。話の途中に割り込むことは少ない。多弁ではない。なまりがあってトツトツとしたしゃべり方。
	口癖	・自分では特に気づいているものはない。
	行動（自己顕示とひがみ）	・積極性はあまりなく、基本は受身。せいぜい気のあった仲間を割り勘で居酒屋に誘う程度。 ・身の丈生活をモットーとし、「隣の芝が青い」などと無駄な比較をしてひがまない。
	異性観	・女性には大いに関心があるが、リーダーシップが乏しく自ら女性を誘うほどの度胸はない。しっかりタイプの女性について行くほうが気楽だと思っている。介護は男性より女性にしてもらうことを希望する。前頭葉が壊れてきたら女性職員にセクハラをするかもしれませんが、お許し願います。
	その他	・妻にも娘にも小言も言えない小心者である。 ・指示するのも、指示されるのも苦手。命令口調には内心では反発すると思う。 ・適当におだてておけば、食事準備、あと片づけ、洗濯物たたみなどに協力的に参加すると思う。

病歴と投薬歴		・60歳の頃に高血圧症と診断される。降圧剤服用開始。 ・63歳の頃に脊柱管狭窄症を患うが、1年後にはバドミントンを再開。
薬・病院に対する意識		・健康チェックは、年2回行う献血時の血液検査結果を活用。血液型はAB型。歯科は半年1回検査受診。 ・大病・長期通院歴なし。薬アレルギーなし。毎日血圧、体重測定をし、健康日記作成。 ・基本的に病院・人間ドックはきらい。がん検診は意識的に受けない。
終末期対応 葬儀 墓 遺言		・意思決定能力の喪失後においてまで人工的に延命されたくない。尊厳死協会加入済み。緩和医療を希望。詳細な「事前指示書」を作成済み（P41参照）。葬儀は質素を旨とするが遺族に委ねる。BGMは「千の風」、本人弔辞作成予定。 ・本家ではなく墓なし。どうするか家族の合意が形成されていない。 ・遺言するほどの財産もないし、子どもは1人なので作成しないだろう。
嗜好	趣味 余暇 特技 生きがい	・バドミントン（ママさん相手の初級者レベル）、練習後の居酒屋が楽しみ。野球・サッカー・相撲など、スポーツは観ない。 ・旅行は水族館、動物園、魚市場のあるところが好き。 ・名所、史跡は学がなく興味なし。 ・温泉に浸かるのは好き。余暇にはごろ寝。 ・金のかからない暇つぶしに、日曜日午前中は特養ホームに遊びに行っている（老後の準備運動）。特技はなし。 ・絵・書・写真などの芸術を観られない、語れない。本を読み出すと強度の睡魔に襲われる。 ・老い支度講座の講師が趣味。
	好きな歌 歌手	・好きな歌は小中学校時代に聞いたアメリカンポップス、映画音楽。BGMとしてはモーツァルトなど。カラオケは苦手だが、強制されるとマイクを持つ。 ・グループホームに入居する際に持参するCDは娘に指示済み。
	好きな踊り	・踊りは苦手。リズム感なし。
	好きなテレビ番組	・囲碁、音楽番組、動物、魚、旅行、自然紹介番組は好き。 ・ハラハラ、ドキドキするサスペンス番組などは苦手。 ・芸能人の仲間内のバラエティー番組がきらい。
	ペット	・小学生の頃は猫と寝ていた。 ・動物は好きではあるが、飼うと家を空けられないので飼わない。近所の猫をかわいがっている。 ・娘とぬいぐるみで遊んでいた。
	家事・作業へのこだわり	・ものぐさで、部屋の乱雑さは気にならない。
	その他	・回想法に有効と思われるのは、「ヒヨコ」と「子豚」であるが、成長したあとの処分に困るかも。

衣	身だしなみに対するこだわり	・無頓着。外に出なければ1日中パジャマ。髭も剃らない。
	好きな服装	・特に好みはない。服は自分で買う。家族からはセンスがないと馬鹿にされている。
	髪型	・どうでもよい。
	好きな履物	・外出時は素足でサンダル。家で靴下は履かない。 ・こだわりの履き物はない。スリッパは履かない。
	その他	・衣類はだいたいスーパーマーケットで調達している。
食	好きな食べ物	・肉よりは魚貝類が好物。食は細い。味にもこだわりが少ない。 ・「刺身＋冷や奴＋お新香＋アルコール」が得意の献立。 ・寿司が大好きであるが、貧乏性のため回転寿司の常連。
	好きな飲み物	・コーヒーは嫌い。アルコールは弱いが好き。自称「アルチューハイマー」
	嫌いな食べ物	・ない。せいぜい焼きそばの青海苔を好まない程度。
	料理への関心	・特段の関心はないが、包丁を持ったり、煮たり焼いたり炒めたりはできる。あと片づけも苦痛ではない。
	その他	・田舎で貧乏な育ちのため、食に贅沢を求めるのは罪と教わった。
住	大切な家具	・こだわりの家具はない。机も椅子もソファーもない。
	大切なもの	・こだわりのものはない。好きな食器やグラスはあるかもしれない。
	座のとり方	・畳生活で、床に座布団を枕にごろ寝であった。ソファーがない生活。朝食のみテーブルと椅子。団欒は居間の座卓で畳に座っての食事。
	睡眠のしつらえ	・どこでも眠られる特技があり、何のしつらえもいらない。一応、畳床式ベッドは使用していたが。
	自室の様子	・鍵のかかる部屋なし。自分専用の部屋もなし。
	その他	・狭い家の密集地帯で、隣の家の物音が聞こえてくるような住環境暮らし。風呂はあるが、朝シャワーが通例（介護負担の軽減のため）。
宗教など		・祖父は浄土真宗であった。自分の墓は用意してない。
その他		・妻の実家は札幌市。

✿ 上記の表を元に、私の行動障害の傾向、行動障害発生の予兆などを探り、上手に介護をしてください。きっとこういう時にすねる、抵抗する、怒る、こういう時に外に出たがる、こうすれば落ち着く、こう言えば満足そうにしているなど、何らかのクセが出ると思います。
さて、この情報がどれぐらい役に立つか？

✿ 観察のポイントは以下のとおりです。
①いつ ②どこで ③どのような状況で発生しているのか あるいは、④その症状があらわれないのはどのような状況の時か

◆**介護者へのお願い**：これは私が最も輝いていたと思う時代の私の一週間の過ごし方です。認知症になって、とんちんかんな行動をしたらこの時代に戻って行動しているのかもしれません。**私を理解するヒントにしてください。**

石黒秀喜の 50 歳ごろの暮らしぶり

	平日 A	平日 B	土曜日	日曜日
0：00				
1：00				
2：00	起床			
3：00	仕事			
4：00				
5：00				
6：00	帰宅、朝食	起床、朝食		起床、テレビ
7：00	シャワー	シャワー		
8：00	洗濯干し、たたみ	洗濯干し、たたみ	起床	朝食
9：00	出勤	出勤	朝食	近所にある特別養護老人ホームの単純業務の手伝い
10：00			洗濯・掃除	
11：00			自由時間	
12：00			昼食	
13：00			自由時間	帰宅・昼食
14：00				囲碁番組
15：00			バドミントン	バドミントン
16：00				
17：00				バドミントン仲間と居酒屋
18：00				
19：00		残業または飲み会	帰宅・シャワー	
20：00	缶ビール 2 本		家でビール	
21：00	職場で仮眠			帰宅
22：00			就寝	就寝
23：00				
0：00		帰宅・就寝		

認知症になっても大丈夫！

第２部は、自己点検ノートをつくって"転ばぬ前の杖"を用意していた石黒秀喜が認知症になったらどうなるか……??　の物語です。
　現行の制度・社会資源と自己点検ノートを使って、石黒はこの困難をどうのりきっていくでしょうか。
　石黒秀喜が介護サービスを利用するようになるまでの大まかな流れは以下のとおりです。

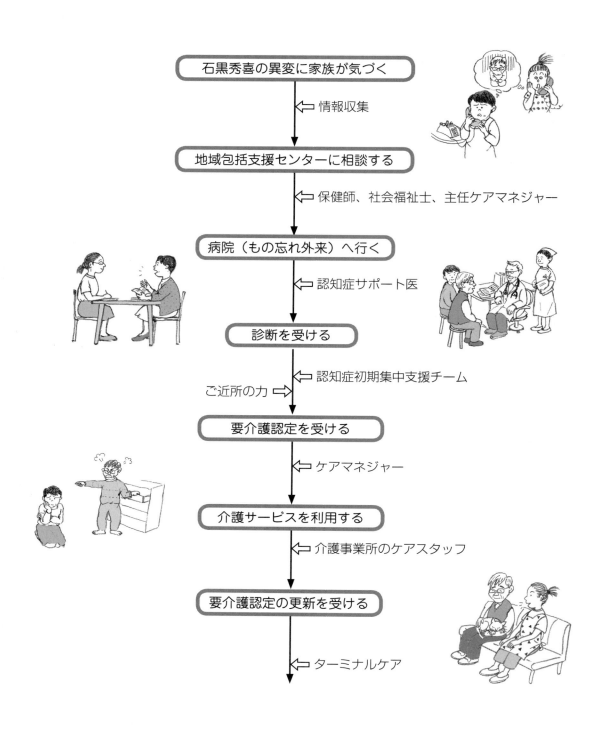

1　秀喜さんの様子が何か変だ

　さて、50歳代からいろいろと自己点検をしてきた石黒秀喜さんは、67歳で仕事を辞め、時々、老い支度講座の講師を楽しみながら、5年ほど過ぎた正月のことです。娘の文恵さんが子ども2人を連れて久しぶりに泊まりがけで遊びにきました。秀喜さんは久しぶりに娘と孫の顔をみて大喜びをしていましたが、孫の年齢や学年をなかなか覚えられません。さっきも教えてもらったのに5分後にまた「この子は今何年生だ？」と文恵さんに質問することが何回もありました。

　また、秀喜さんは「おい、この子たちにお年玉はあげたのか？」という確認も数回するので、つい清子さんは「何回同じことを聞いたら気が済むの！」と声を荒げてしまいました。すると秀喜さんは「なんで俺が怒られるのだ！」と不機嫌になりました。清子さんと文恵さんは顔を見合わせてしまいました。普段は老夫婦だけの単調な生活なので、清子さんは秀喜さんの異変に気がつきませんでしたが、娘と孫が遊びに来たという普段とは異なる状況に遭遇して、秀喜さんの記憶力が著しく低下していることが明らかになりました。

　その後、秀喜さんは孫に誘われ3人で神経衰弱というトランプゲームをしましたが、記憶力が低下しているため、孫にまったく敵いません。それでも本人は落ち込むこともなく、孫と遊べることで大いに満足している様子でした。

　清子さんと文恵さんは、「もしかしたら認知症が始まっているのかもしれない」と話し合って、文恵さんが、ネットで認知症に関する相談先を調べたところ、高齢者に関する相談を受ける「地域包括支援センター」という機関があることがわかりました。まずは、そこに清子さんが相談に行くこととし、これからは秀喜さんの記憶機能が上手く作動しないことを受け止めたうえで、本人のプライドを傷つけないような対応を心がけことを母娘は確認したのでした。

　文恵さんは、父親のことが気になり、近隣の家に里帰りの挨拶を兼ねて「父親がもの忘れするようになってきたので、今後何かと面倒をおかけすることがあるかも知れませんが、よろしくお願いします」と自分の連絡先を添えて近所周りをしました。

　幸いご近所の人からは「この辺は年寄りが多くなってきて、お互い様ですから大丈夫ですよ。何かあれば連絡しますね」と優しい言葉を返してもらい、文恵さんは安心して、実家をあとにしました。

2　地域包括支援センターに相談に行く

　娘の文恵さんから「地域包括支援センター」なるものを紹介された清子さんは、さっそく相談に行くことにしました。

　その際、清子さんは、ふだんの秀喜さんと違うと思ったところを書きとめたメモを持って行きました。相談というかたちで初めて会う人に話すのは緊張することです。あとになって「ああ、あれも言えばよかった…」「こんなこともあったのに…」と思うようでは、秀喜さんの現在のありのままの姿を理解してもらえないかもしれないからです。

　「地域包括支援センター」には、保健師さんがいて清子さんの相談を聞きました。結果、秀喜さんには認知症の心配があるので、まず認知症サポート医がいる医療機関を受診するのがいいだろうということになりました。認知症サポート医がいる医療機関は一覧表になっていました。清子さんは保健師さんと一緒に自宅近くの医療機関を探しました。そこで認知症の診断をしてくれるらしいのです。

　保健師さんは、単に医療機関探しに協力してくれただけではなく、もし仮に秀喜さんが認知症という診断を受けた場合に備え、地域包括支援センターがコーディネイトしている認知症総合施策の説明もしてくれました。いろいろな支援策の存在を知り、一人で抱え込まなくても大丈夫であることが理解でき少し気が楽になりました。

✺ 地域包括支援センターとは

　地域の高齢者を介護、保健・福祉・医療などさまざまな面から総合的に支えるために、介護保険法に基づき市町村が設置する相談窓口です。財産管理や虐待防止などの相談にも応じています。主任ケアマネジャー、社会福祉士、保健師などの専門職が常駐し、総合的に高齢者の支援を行います。お住まいの市町村の高齢者の保健福祉担当課（室）や介護保険担当課（室）へお問い合せください。

✺ 認知症サポート医とは

　認知症の早期発見や早期対応システムを充実させるために身近な医療機関のかかりつけ医が、認知症に関する適切な知識や技術を習得し、本人や家族からの話や悩みを聞いて助言したり、必要に応じて専門医につなぐ仕組みとしてつくられたのが「かかりつけ医認知症対応力向上研修」制度です。この研修を受けたかかりつけ医に、助言や支援を行う専門医が認知症サポート医です。このような研修を修了したかかりつけ医やサポート医は、地域包括支援センターに登録される仕組みになっています。

3　認知症専門医を受診する

　認知症のことは理解している秀喜さんではありましたが、自分のこととなると理屈どおりに事は運ばないようです。清子さんが病院に行こうと言っても、素直に受診の勧めには応じてくれませんでした。そこで、清子さんは秀喜さんの血圧の主治医である近所の診療所の菅野先生に相談することにしました。菅野先生は、秀喜さんに降圧剤の服薬管理の様子を確認した結果、最近、薬の飲み忘れが多くなってきていることを把握しました。そして、服薬管理は脳血管疾患の防止に重要な薬なのに、なぜ飲み忘れが起きるのか、その方面に詳しい知り合いの専門医の宮永先生を紹介するので、その宮永先生に相談するように勧めてくれました。秀喜さんは、菅野先生の紹介状を持ってしぶしぶ宮永先生に相談することになりました。

　もの忘れ外来担当で認知症の専門医の宮永先生の受診を予約した清子さんは、菅野先生の紹介状のコピーと秀喜さんが「いつ、どんなとき」に違和感ある行動をとるのか記録したメモを、事前に宮永先生に届けて、受診がスムースに運ぶように段取りをしておきました。これが、秀喜さんの診断のためにとても役立ったようです。

　診察の結果、秀喜さんは初期の「アルツハイマー型認知症」と診断され、薬が処方されました。宮永先生から、早期に発見され適切な与薬と周りの人の適切なサポートにより症状の進行を遅らせることができると説明を受けた清子さんは、早く専門医に診断してもらうことができたことを不幸中の幸いと思うようにしました。

　宮永先生の診断結果は、主治医の菅野先生にも情報提供され、高血圧症の定期診断のおりに菅野先生も秀喜さんの日頃の暮らしぶりに関心を持って対応してくれ、認知症の薬も処方してくれることになりました。

　清子さんは、この一連の経過を通して、認知症に対する理解が一層深まりました。ぼけたら何もわからなくなるので、本人は悩むこともなく楽なのだろうという話を耳にしていた清子さんですが、それがとんでもない間違いであることに改めて気づかされたのです。

✦ もの忘れ外来とは

　認知症は早期発見・診断による早期対応が大切なことがわかってきましたが、受診をためらう、または拒否する人もいます。受診しやすくするために、「もの忘れ外来」「メモリー外来」といった名前の認知症の専門の診療科のある医療機関が増えてきています。

　このほかに日本老年精神医学会のホームページで学会認定の「高齢者のこころの病と認知症に関する専門医」により専門医の検索ができます。http://www.rounen.org/

4 認知症初期集中支援チームの支援を受ける

秀喜さんは、プライドが邪魔して、自分が認知症になったことは認めたくないという心境だったと思われます。認知症専門医の宮永先生から薬の飲み忘れが多くなったのは、認知症が原因であると告げられ、ショックを受けました。多分「認知症になったらお終い、何もわからなくなり、周りに多大な迷惑をかける」という従来の認知症観による強いマイナスイメージが影響して、激しく落ち込んだのだと思われます。

このとき、宮永先生は、単に認知症であることを告知するだけではなく、認知症の進行が緩やかであれば、この先も地域での生活は可能であることを教えてくれました。そのためには専門多職種により構成される「認知症初期集中支援チーム」（以下「支援チーム」）のサポートを受けて、今後の暮らしぶりについてアドバイスを受けるように勧めてくれました。

そうはいっても、清子さんはどこに行ったら支援チームのサポートを受けることができるのか手続きがわかりません。再度、地域包括支援センターに行き、宮永先生からの診断結果とアドバイスを伝え、今後のことを相談しました。数日後に、地域包括支援センターから電話があり、支援チームの介護福祉士と作業療法士が○月○日○時に自宅を訪問するという連絡を受けました。この2人は、事前に秀喜さんの書いた人生申告書と宮永先生の診断結果に目を通したうえでの訪問です。チーム員の2人は秀喜さんに過度の緊張をさせないように上手に会話をしながら、秀喜さんのいつもの暮らしぶり、不得手になってきていることやできること、プライドが傷つくことなどを聞き出し、後日、再度訪問する旨を告げて帰りました。

チーム員は、訪問して得た情報を整理して、医師、歯科医師、看護師、介護支援専門員（ケアマネジャー）、薬剤師、管理栄養士などを交えた支援チームに清子さんも参加して、秀喜さんと清子さんに対するアドバイスについて検討しました。

最初の訪問から2週間ほどして、チーム員が再度訪問してくれました。そして、支援チーム全体で検討した結果を次のように秀喜さんと清子さんに説明してくれました。

①医療に関して
- 菅野先生は家庭医として全体を診てくれるので安心して受診継続をする。何か変化が生じてきた場合は、必要に応じて認知症専門医の宮永先生に相談する体制を維持する。
- 薬の副作用と思われる症状（たとえば、怒りやすくなったなど）に関するメモを渡しておくので、その場合は、菅野先生と薬剤師に相談すること。

②秀喜さんの社会性の維持について
- バドミントン仲間に秀喜さんの病気のことを理解してもらい、ときどき交流会に誘ってもらう。昔の思い出を語り合うことは心理的安定につながる。

- これまで手伝っていた認知症の人と家族の会の集いや認知症カフェには、清子さんと一緒にボランティアとして引き続き参加する。理解ある人との交流は、孤立感を防止する。
- 老い支度講座の講師は、清子さんや認知症カフェで培った人脈のサポートを受ける前提で、できる範囲で引き受ける。自己点検ノートが役に立ったという自分の体験談を紹介して、より説得性のある啓発活動をして達成感を得る。

③秀喜さんの普段の体調管理について
- 継続してきた健康寿命日記は、清子さんのサポートを受けて継続する。

④秀喜さんのプライドへの配慮について
- 秀喜さんのできることを奪わない。先回りして清子さんが処理することがないように気をつける（後ろに手を組んだ見守りの姿勢が大事）。
- 不得手になってきたことは、さりげなく手伝う（サポートというよりパートナーというイメージで、秀喜さんが萎縮しないような演技力も必要）。
- 顔を立てる配慮や演技をする清子さんのストレスを、家の外で吐き出すことが重要なので、秀喜さんを一人で支えようと力まず、他の人のサポートも前提にして、清子さんの好きな映画鑑賞や居酒屋での飲み会は継続する。

⑤要介護認定について
- 秀喜さんの今の状態にマッチする介護保険サービスはないので、急いで要介護認定を受ける必要性はない。ただし、介護保険制度の地域支援事業や住民主体のさまざまな活動が役立つ場合もあるので、地域包括支援センターを上手に活用することをお薦めする。

⑥近所の人たちの認知症の理解促進について
- 町内会長と民生委員に相談して、認知症サポーター養成講座を開催してもらうなど、認知症の人にやさしい地域づくりに清子さんも参画する。

　支援チームのアドバイスは、菅野先生と宮永先生にも伝え、秀喜さんに関わる人たちが共通の情報をもって対応する体制が構築されました。

　このような多職種によるサポートを受けて、秀喜さんは社会性と普段の体調管理を維持でき、穏やかな日々を過ごすことができています。近所の人は「秀喜さんは本当に認知症なのかしら？　何か私たちが抱いていた認知症のイメージと違うわね」と清子さんに話しかけることもありました。

★ 認知症初期集中支援チーム

　介護保険法に基づく認知症総合支援事業に位置づけられているもので、市町村に設置が義務づけられています。文字どおり認知症の初期段階に専門多職種がチームを編成して集中的に関わり、住み慣れた地域で暮らし続けるような環境調整や支援策を検討します。

　この事業のねらいは、認知症が疑われる人に早期に気づき、悪循環が発生する前に、専門家チームが居宅を訪問して、早期のうちに適切な支援策を考え、関係者間でそれを共有しサポートすることです。そのほかに、認知症の症状が進んで家族等が困惑しているにもかかわらず、本人が受診を拒否している場合など、専門職チームが関わるのが初めてという事例も少なくありません。

　このチームに関するお問い合わせは、お住まいの区域を管轄する地域包括支援センターへ。

5 ご近所の力

　秀喜さんが住んでいる地域は高齢者が多く、町内会長や民生委員は介護予防や認知症について造詣が深い人です。民生委員の池田さんは、認知症サポーター養成講座の講師も担当するキャラバン・メイトでもあります。

　清子さんは、認知症初期集中支援チームからの助言を受けたので、さっそく町内会長のところに行き、「私も認知症の家族の立場として協力するので、町内会の方々に認知症の理解を深めていただく取り組みをしていただけませんか」とお願いをしました。

　町内会長は、以前から問題意識をもっていたので、「認知症の問題は石黒さんのところだけではなく、高齢者が多いこの地域全体の課題なので、一緒に取り組みましょう」と、すぐさま前向きの反応を示してくれました。

　町内会の役員、民生委員、地区老人クラブ会長が集まって協議した結果、次のような取り組みをすることになりました。

- 町内会の集会所を使って、「老いの安心サロン」を月2回開催する。
- サロンのテーマは、「加齢リスクへの対応」として、参加者が日頃思っていることを自由に語り合う。
- 語り合いを活性化するため、毎回、スピーカーを招いて20分程度の講話を無償でしてもらう。スピーカーは専門職に限定せずに、身近な人たちの次のような体験談を基本とする。元気な90歳の人、脳血管障害を患ってリハビリテーションをしている人、閉じこもりから脱却し介護予防効果を経験した人、いろいろな病気・障害をもっている人やその家族、認知症カフェ関係者、高齢者問題に関心のある人など。
- 一人暮らしの高齢者も多いので、身近に身寄りがない場合の成年後見制度、遠隔地介護、自宅死（孤立死）の早期発見など幅広いテーマを取り上げる。
- 参加者が少なくても、サロン運営にお金がかかるわけではないので、気にせずに気長に継続する。

　第1回目のサロンのスピーカーは、関係者が満場一致で秀喜さんにお願いすることになりました。記憶力は低下しているものの、これまでの市民講座で鍛えたトークは健在で、加齢リスクに遭遇した当事者としての体験談は腑に落ちるものでありました。

　認知症に関する一般的な講座では、認知症に伴う症状の説明が多く、強いマイナスのイメージが植えつけられかねません。しかし、秀喜さんの話を聞いた人は、いかに本人のプライドに配慮し、足らざるところをさりげなくカバーすることが大事であるか気づかされました。

　その後は、近所の人たちが気軽に声をかけてくれるようになり、たとえ、会話の辻褄が合わなくても、いちいち指摘することなく温かく接してくれるので、秀喜さんはもの忘れは激しくとも穏やかに過ごすことができています（認知症サポーター、成年後見人については、37ページ参照）。

6　要介護認定を受け、介護サービスを利用する

　もともと認知症のことをある程度は知っていた秀喜さんと清子さんのコンビは、地域の理解ある見守り支援を受けながら、穏やかに過ごしてきたものの、徐々に認知症が進行してきました。いよいよ介護保険サービスの利用を視野において要介護認定を受けました。

　結果は「要介護1」でした。週2回デイサービスを利用するケアプランを提示されましたが、秀喜さんは他の仲間とうまくコミュニケーションをとることができません（**根拠として➡P.21が参考になるでしょう**）。秀喜さんはデイサービスに行くのをいやがります。清子さんは、デイサービスのスタッフに清子さんの友だちのふりをしてください、また、昔話をするので褒めてください、演技をしてくださいと頼みました。秀喜さんがつくっていた「人生歴申告表」をスタッフに渡して、あらかじめ秀喜さんの人生の概略を把握してもらうことができました。その「人生歴申告表」で、秀喜さんが子どもの頃、養鶏と養豚のお手伝いをしていたこと、ぬいぐるみが好きな優しい性格であることを知ったスタッフはヒヨコのぬいぐるみを用意して秀喜さんを待ちました。でも、この方法は秀喜さんが恥ずかしがって失敗しました（**根拠として➡P.22が参考になるでしょう**）。

　秀喜さんは広いデイルームで落ち着かない様子でしたが、スタッフは子どもの頃に猫と寝ていたことをヒントに、施設で飼っている猫を連れてきて様子をみました。そうすると、秀喜さんはその猫を抱いて隅のソファに落ち着くことができました。その後、ケアマネジャーやスタッフと、特養ホームに手伝いに行っていた話やバドミントンの話をすることを通して、秀喜さんはしだいにデイサービスに馴染んでいきました（**根拠として➡P.22が参考になるでしょう**）。

　デイサービスに慣れるに従い、かつて特養ホームに手伝いに行っていたことをヒントに、今度はデイサービスのお手伝いを頼むことにしました。食器のあと片づけや洗濯ものをたたむなどの手伝いを通して人の役に立っていることを実感できたのか、秀喜さんの目に輝きが戻ってきました（**根拠として➡P.18が参考になるでしょう**）。

要介護度とは

　介護保険制度を利用するには、介護を必要とする人が要介護認定を受ける必要があります。介護度は、その人の自立の状態によって要支援1～2、要介護1～5と7つのレベルに区分けされています。認定された介護度によって、利用できる介護保険のサービス利用量（利用限度額）なども異なります。

7　健康管理で認知症をフォロー

　ご近所の温かい見守りと介護保険サービスの利用で、自宅での生活を送ることができていた秀喜さんですが、しだいに清子さんがとまどうほどの常識を外れた行動が見られるようになりました。そのひとつが、「ものとられ妄想」です。秀喜さんがタンスの中をかき回しています。「何か探し物？」と清子さんが尋ねると、振り向いた秀喜さんの表情が険しい。「ここに入れていた財布がない。おまえが盗ったんだろう！」と清子さんを責めたてます。長年一緒に暮らしてきた夫から泥棒呼ばわりされて、清子さんはがっくりしてしまいました。

　目を離すとフラッとどこかに行ってしまうので、清子さんはゆっくりお風呂にも入れません。ときどき大声をあげることもあります。「人生歴申告表」を見たケアマネジャーが、「今の秀喜さんからは想像できませんね」と言ったくらいです。秀喜さん自身も自分にとまどっているようでした。かつては、周囲と協調するために演技してきた秀喜さんですが、認知症の進行に伴い、その演技力がなくなり直感的な行動が多くなりました。そのため、プライドが傷つけられるとすぐカッとするようになってきたのです。清子さんの洞察力と演技力がより重要となってきました。

　排泄の失敗も頻繁になり、パッドをあてるようになりました。不機嫌だなと思うと便秘だったということもありました。ケアマネジャーから便秘と脱水予防の大切さを教えられた清子さんは、次ページの生活記録をつくって困った出来事がいつどんなときにあらわれるのか、そのきっかけを探るとともに、ふだんの体調管理を「見える化」してみました。結果、秀喜さんの身体の調子を整えることにより、秀喜さんのイライラが少なくなってきました。

✱ 脱水と便秘

　認知症の人は感覚機能が低下してくるため、のどの渇きをあまり感じなくなってきます。そのため、自分から「水を飲みたい」と言うことが少なくなり、脱水症を起こしやすくなります。脱水は意識レベルの低下を招き、認知力も低下しますので、混乱の原因にもなります。さらには、便秘の原因にもなります。

　認知症の人にとっての便秘は、食欲不振を招くだけではなく、不快感から徘徊や不穏な状態の原因にもなります。十分な水分（1日3食のほかに1500cc）を取ることと便秘にしない介護は、認知症の人の介護にとって重要なポイントです

いつ・どんなときシート（行動・心理症状の分析シート）

不可解な言動・行動に直面したら、昨日、一昨日と、さかのぼってふりかえってみましょう。いつもとちがう小さな出来事が今日の不可解な言動・行動につながっていることがあるからです。

	本日の困った出来事	本日の生活の流れ	昨日の生活の流れ	一昨日の生活の流れ
0:00		トイレに起きる		
1:00				
2:00				
3:00				
4:00				
5:00	外に出ていこうとする	起床		
6:00		外出を制止され不機嫌	起床	起床
7:00				
8:00		朝食	朝食	朝食
9:00				
10:00		散歩		散歩
11:00		シャワー	デイサービス	シャワー
12:00		昼食		昼食
13:00				
14:00		昼寝		スーパーへ買い物に
15:00	財布が盗まれたと騒ぎ出す	娘と電話で話す		
16:00				民生委員の訪問あり
17:00				
18:00		夕食	夕食	夕食
19:00		DVDで歌番組を観る	疲れたと言って早く布団に入る	DVDで歌番組を観る
20:00				
21:00				
22:00		就寝		就寝
23:00				
0:00				

ふだんの体調管理の観察	水分摂取量	ペットボトル1本	不明	ほとんど飲まず
	栄養量	3食完食	3食完食	3食完食
	運動量	OK	不明	OK
	排便状況	なし	なし	なし

【認知症の人を理解する6つの因子のかけ算】

　認知症の人行動・言動＝性格×人生歴×ふだんの体調×周りの状況（環境）×脳神経の働き
　　　　　　　　　　　×その時の気持ち・感情

【分析結果】
・水分摂取量が少なく、脱水傾向にあるため、意識レベルが低下し、勘違いが多くなっている可能性がある。
・水分不足が影響して排便がなく便秘傾向と思われる。お腹の不快感から意識が散漫になり、勘違いが多くなっている可能性がある。
・娘から孫の誕生日であることを聞き、プレゼントをあげようと思い、財布を捜すが見つからず、妻に八つ当たりをしたものと考えられる。

【事例紹介】

秀喜さんが手伝っていた認知症ケアの事例検討会「認知症重度化予防実践塾」（以下「実践塾」）の事例を紹介します。この実践塾の様子は、マンガ「ヘルプマン！第25巻【認知症予防編】」（2014年 講談社くさか里樹）に詳しく紹介されています。

実践塾の認知症ケアの基本的な考え方はとてもシンプルで、家にたとえて図示すれば次のようになります。

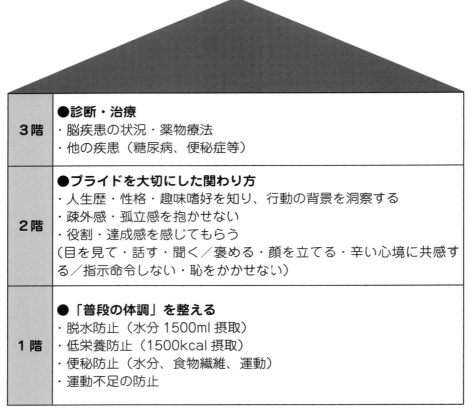

参考：認知症重度化予防実践塾資料（金田弘子／森本脳神経外科副医院長・看護部長）を著者改変

この実践塾では、1階部分の普段の体調が崩れていると認知機能にマイナス影響を与えることに着目して、まず水分摂取、栄養摂取、排便、運動の状況の確認をするシートを渡して、それに記入して報告してもらうという宿題を出します。

次に、その人の行動の背景を探り、顔を立てる会話などプライドへの配慮材料とするため、人生歴把握シートを渡し、その人をよく知るという宿題も出します。実践塾は1回限りの学習会ではなく、普段の体調を整えることとプライドいかに満たすことができるか、継続的にフォローするため、4回開催します。

普段の体調管理を整えるためには、本人との信頼関係ができていることが前提であり、プライドに配慮したコミュニケーションが重要になります。そういう意味では、普段の体調とプライド重視が車の両輪の関係にあると言えます。

実践塾の事例検討を通して状態が改善したグループホーム入居者（86歳・男性）の例を紹介します。グループホームの介護職員は、宿題を通してこの方の人間像への理解がより深まりました。教員、公民館職員を務め、実直温厚な方で、夫婦共働のため家事は万能だったそうです。

実践塾前の状況	実践塾で学んだ取り組み	実践塾終了時の改善状況
▼表情が乏しく、1日中ボーッとして傾眠傾向。または落ち着きがなく歩きまわることもある。 ▼どこでも唾・痰を吐く。 ▼入浴・髭剃り・歯磨き・排泄などを拒否。 ▼暴言・暴力があり、入居者・通行人・面会者に「バカタレー」「叩き殺してやる」と叫ぶ。 ▼異食（どんぐり・花瓶の水、皮つき玉葱）。 ▼長女の名前が言えない。	・水分摂取の増： 　1200ml ⇒ 1800ml ・食事：1500kcal 維持 ・便秘対策：4日排便なしで下剤 ⇒起床時に冷乳200ml、散歩、繊維質摂取して自然排便を促す。 ・活動性の向上：関与なし⇒毎日散歩に誘う ・プライドに配慮：人生歴を聞き、普段の体調に気遣うことで、コミュケーションを密にして、昔の自慢話を引き出し傾聴、食事の後片付けなどの役割をお願いした（社会性の回復）。	○傾眠がなくなり、活動的になって、自然排便もできるようになった。 ○イライラ、暴力がなくなり笑顔が見られるようになり、介護拒否、異食がなくなった（BPSDの消失）。 ○テレビの筋がわかるようになった。 ○食事準備や後片付けを手伝えるようになった。 ○長女の名前が言えるようになった。

豆知識コーナー

●認知症サポーターとは

　認知症になっても安心して暮らせるまちを目指して、認知症の人への正しい理解と見守りなどの支援を広く普及するためにつくられたもので、市町村やその他の団体が開催する「認知症サポーター養成講座」を受けると、「認知症サポーター」になることができます。認知症サポーターにはオレンジ色のブレスレット「オレンジリング」が交付されます。令和元年度には、全国で約2,000万人の認知症サポーターが誕生しています。お住まいの市町村での講座の予定は、自治体の認知症対策の担当課（室）等へお問い合わせください。認知症サポーター養成講座については、全国キャラバン・メイト連絡協議会のホームページを。http://www.caravanmate.com/

●成年後見制度とは

　判断力の不十分な人を保護するための民法に基づく制度です。本人のために法律行為を行い、または本人による法律行為を助ける者を家庭裁判所が選任する法定後見と、本人が判断能力が十分なうちに候補者と契約しておく任意後見があります。詳細は地域包括支援センターへ。

8　上手に往生

　秀喜さんは要介護度4になりました。食事を自分から食べようとしなくなりました。排泄も失敗が続き、おむつをつけるようになりました。もともとおしゃべりな人ではありませんでしたが、最近はめっきり言葉が出なくなりました。太り気味の清子さんは、最近膝の痛みが悪化し介護がつらそうです。通っているデイサービスが小規模多機能型居宅介護になったのを機に、ケアマネジャーはデイサービス利用だけでなく、ときどき泊まったり、夜中のおむつ交換に自宅に訪問してくれるケアプランを作成しました。

　「秀喜さんの介護が負担になるようなら、グループホームに入居するという方法もありますよ」とケアマネジャーは清子さんに話しています。清子さんは、ケアマネジャーのそのひと言で気分が楽になりました。「私がひとりでがんばらなければ！」という気負いがなくなり、ゆったりと秀喜さんに接することができるようになりました。

　ケアマネジャーは「人生歴申告表」にあった「意思決定能力を喪失したあとまで、人工的に延命されたくない」を思い出し、清子さんと相談のうえ、主治医とともにターミナル（終末期）をどうするか、ケアプランの見直しに着手しました（**根拠として ➡ P.22, 41 が参考になるでしょう**）。最近の秀喜さんは、ベッドでうつらうつらしていることが多くなりました。きっと遊び半分につくった自己点検ノートも少しは役に立って……家族や自分を理解してくれる人たちに囲まれて……そんなに悪い人生でもなかったかな……と、ときどき夢を見ているかのような秀喜さんなのでした。

❋ グループホームとは

　認知症の高齢者が数人（5～9人）で、介護スタッフとともに生活する介護保険サービスのひとつの形態です。少人数なので、なじみの関係をつくりやすく、一人ひとりに専門スタッフがしっかり関わることで、安心した生活環境を提供でき、行動障害も落ち着くといわれています。制度上の正式な名称は「認知症対応型共同生活介護」です。
全国認知症グループホーム協会へ http://www.ghkyo.or.jp

❋ 小規模多機能型居宅介護とは

　通いを中心にしつつ、必要になったらそこへ泊まったり、なじみの介護スタッフが自宅へも来てくれるという24時間365日の自宅での生活を支援する介護保険サービスのひとつです。住み慣れた地域で最期まで暮らすための強力な味方として評価されています。小規模多機能型居宅介護についての情報は、自治体の介護保険担当課（室）、または全国小規模多機能居宅介護事業者連絡会へ（http://www.shoukibo.net）。また、小規模多機能型居宅介護という制度にのらなくても、宅老所といわれる普通の民家を利用した地域密着で365日を支える活動が全国各地にあります。こちらの情報は、宅老所・グループホーム全国ネットワーク（https://www.takurosho.net）へ。

【娘孝行のための備え】

秀喜さんが認知症になる前は、妻を看取るという辛い役割は自分が担うという覚悟をもって老後の生活を送っていました。妻の清子さんの看取りが終われば一人暮らしになるわけです。そうなれば、自分が逝くときは何かと一人娘の文恵さんに負担がかかることになるので、その時に備えて今のうちから、娘孝行の準備をしておくことにしました。

文恵さんが一人暮らしの父親のことで、いずれ遭遇する次の3段階に分けて、考え方を整理することとしました。

【第1段階】

人生の最終段階	娘孝行の準備
1-① 何の予兆もないまま突然死。	・寿命と割り切るよう事前教育をしておく。
1-② 事故または脳血管疾患などにより、意識が回復しない状態に陥り、延命医療について本人の意思確認ができない。	・不測の事態に備え、死生観、延命医療に関する考え方を表した事前指示書（p41参照）を作成し、かかりつけ医、歯科、薬局に関する情報も用意しておく。
1-③ 認知症の進行により、コミュニケーション能力や判断能力が喪失した状況下で、口から食べることが難しくなったり、がんの末期症状などの様相を呈す。	・認知症が進行して、自己決定が困難になった場合に備え、事前指示書を作成しておく。
1-④ 判断能力が正常なときに、がんの末期症状であることを告知される。	・医師の所見を聞き、緩和ケアを選択し、生き方・逝き方の自己決定をしておく。

【第2段階】

逝ってしまった段階	娘孝行の準備
2-① 死亡診断書入手	・死体検案事項にしないため、主治医と懇意にして、死亡診断書を書いてもらうように根回ししておく（予兆なき突然死は死体検案書になり時間がかかる）。
2-② 通夜・告別式の関係者連絡	・死亡緊急連絡先リストを用意しておく。
2-③ 弔問者に備え、家の中の片づけ	・家の中が散乱状態では困るので、断捨離・老前整理に心がける。
2-③ 葬儀社と通夜・告別式の打ち合わせ、契約	・葬儀に関する意向書を作成しておく（宗派／祭壇ランク／戒名ランク）
2-④ 通夜に流すDVD、遺影写真、旅立装束、装飾品等	・「旅立ちグッズ」リストを作成し、箱に詰めて押入れの片隅においておく。
2-⑤ お布施の支払い	・当日に現金を包むので、娘名義の預金口座を作りキャッシュカードで現金化できるように用意しておく。
2-⑥ 葬儀社等への支払い	・相続が終わるまで待ってくれないので、葬儀意向書に沿った金額を預金口座に用意しておく。

2部　認知症になっても大丈夫！

【第3段階】

お骨になった後の段階	娘孝行の準備
3-① 相続手続き	・財産目録、遺言書、相続手続書と相続税入門書を用意しておく。
3-② 生命保険、社会保険手続き	・重要書類、貸金庫の鍵の保管場所を明らかにしておく。
3-③ インターネット、携帯電話、電気、水道、ガス、新聞、クレジットカードなどの解約	・インターネット、携帯など解約連絡先リストの作成、パソコン、携帯のパスワードを明らかにしておく。
3-④ 遺品処分	・余分な物はあらかじめ処分しておく。
3-⑤ 遺骨の処理	・墓は作らない方針なので、散骨または手元供養のペンダントなど、処理案を用意しておく。
3-⑥ 家の処分	・空き家は朽ちて近所に迷惑をかける、固定資産税が高くなるので、早期に処分するように意向を明らかにしておく。
3-⑦ 49日後の挨拶状の発送	・挨拶状送付リスト、加入ネットワーク退会連絡先リストを作成しておく。

　秀喜さんの娘孝行の準備のおかげで、文恵さんは失意のなかではありましたが、無事に一連のイベントを乗り越えることができ、父親の用意周到なグリーフケア（悲嘆ケア）まで視野に入れた配慮のおかげで、早期に喪失感から脱することができました。

豆知識コーナー

●相続をスムーズに、かつ、争族にさせないために

亡くなった人に財産があれば、遺産相続の手続きをすることになります。その場合、民法に定める有効な遺言（日常用語：ゆいごん、法律用語：いごん）があれば、次の二つのメリットがあります。
①遺言により財産を相続させる人を明確にしておけば、相続に必要な法定相続人全員の合意のもとで作成した遺産分割協議書がなくても、その相続人は単独で不動産の所有権移転登記ができるなど、相続人の負担軽減になる。
②遺産分割協議書の作成にあたり、相続人の間で異なる主張が発生すれば、相続人同士のいがみ合いに発展するおそれがあるが、その防止策になる。

遺言の具体的な方式は民法で定められていますが、代表的なものは次の二つです。
〇自筆証書遺言：遺言の全文、日付、署名が自署で、かつ、押印が要件。相続手続きに先立ち、家庭裁判所で相続者立ち合いのもと遺言書を開封してもらったうえで検認が必要。
〇公正証書遺言：遺言内容を公証人が聞き取り、公証人が証書を作成したうえで原本は公証役場に保管。証人2名と手数料が必要。検認は不要。

【事前指示書（リビング・ウイル）の意義】

　秀喜さんは、自分が認知症になって、それが進行してから迎える人生の最終段階のことをとても心配していました。もし状況の認識が困難になり、自分の意思表明ができない状態になっていれば、娘の文恵さんが治療や延命についての決断を迫られることになります。自分の生き死に関することで娘につらい決断をさせるのは酷であり、それは娘不幸だと思うようになりました。

　それで、秀喜さんは自分の尊厳を守ることと娘孝行のために、自分の人生の最終段階の事前指示書を作ることにしました。

　事前指示書とはいっても、遺言のような法律的な裏付けがあるわけではなく、あくまでも任意のものであり、標準的な書式や方式があるわけではありません。しかし、事前に本人の意思を明らかにして書面に表しておくことは、生命倫理上は意味があると思っています。尊厳ある生き方・逝き方を実現するための貴重な根拠になり、家族や医療・介護関係者にとっても有用な情報です。さらに、近年国が推奨している「アドバンス・ケア・プランニング」（愛称：人生会議）を実施するためにも極めて有効です。

　秀喜さんは、65歳の誕生日に事前指示書を作成し、それを文恵さんに次のような説明したうえで署名捺印をしてもらいました。

> 　自分は自然の摂理にしたがって棺桶に入りたいので、延命措置は施さないでほしい。人生の最終段階が近づいてきて、医師からどうするか聞かれたら、この書類を渡して「本人の意向を尊重してください」と代弁してほしい。文恵が悩んで決断する必要はない。そうは言っても、人によっては延命措置を施さないことは"冷たい人間だ"と批判をすることもあるかも知れないが、そのような他人の声に惑わされずに、「私が冷たいのではなく、親の意向を代弁する親孝行娘だ」と自信を持って対応してほしい。このような自分の考え方を理解できるなら、署名して捺印してほしい。自分は、このコピーを主治医のカルテに貼っておくように頼んでおくから。

　秀喜さんは、この事前指示書を毎年誕生日の都度確認し、自分の考えに変わりないことを明らかにするためサインをすることにしています。

認知症になった石黒秀喜の人生の最終段階に備えた事前指示書

　私が認知症になり、それが徐々に進行し、やがて人生の最終段階を迎えたときには、おそらく自分の置かれている状況を的確に認識することや治療・延命医療に対する意思表明をすることは困難になっているものと考えられます。

　そのため、判断能力が正常に機能している今のうちに、人生の最終段階における治療・延命医療に対する私のメッセージを作成し、時々その意思を確認することにより、自分の尊厳の保持の準備をしておくことにしました。

　「持続可能な社会保障制度の確立を図るための改革の推進に関する法律」に「政府は、地域包括ケアシステムの構築に当たっては、個人の尊厳が重んじられ、患者の意思がより尊重され、人生の最終段階を穏やかに過ごすことができる環境の整備を行うよう努める」という規定があるので、患者の意思をあらかじめ明確にしておくことが重要であると考えました。

　私の人生の最終段階の医療ケアに携わる方々におかれましては、以下に記した私のメッセージを最大限尊重していただくことを切にお願いいたします。

Ⅰ　作成・確認時期（自筆）	作成：2015年3月30日（65歳）
Ⅱ　死生観など	【〇で囲んでいる項目が私の想いです。】 ①　老衰期になって口から食べられなくなったら、自然の摂理にしたがって、穏やかに人生の最期を迎えることを当然のこととして受け止めている。 ②　老衰で亡くなるときには、身軽にして旅立つために、食が細くなり栄養不良、水分もほしくなくなり脱水状態になって息を引き取ることを知っている。 ③　死期が迫っているときに、生理的処理能力を超えた輸液をすることは、むくみや唾液過多による吸引など苦痛の原因となることを知っている。 ④　1～3の覚悟ができているので、「家や介護施設など生活の場での看取り」を希望する。 ✗　少しでも長生きすることが自分の価値観であるので、最大限の延命処置を講ずることを希望する。 **事由記載欄** 人生90年代が普通になりました。健康寿命に努力はしていますが、必ず人生の卒業時期は来ます。私の寿命を勝手に操作して、旅立ちの邪魔をしないでください。
Ⅲ　痛みや苦痛への対処の希望	【〇で囲んでいる項目が私の想いです。】 ①　後期高齢期になってから、ガンなどにより強い痛みや苦痛を伴う病気になった場合、手術や副作用の強い治療は避け、痛みや苦痛を取り除いてくれるだけでよい。 ②　痛みや苦痛を取り除くために、鎮静剤を使ってもよい。 ✗　痛みや苦痛を取り除くのは当然として、年齢がいくつであっても、最大限の積極的治療を行ってほしい。 **事由記載欄** 尊厳ある人生の卒業は、冒頭に紹介した法律の規定も踏まえ、医療を受ける側の自分が自己決定しておくべきものと考えるに至りました。

Ⅳ 死期が迫っており回復困難な状態になったと思われるときの希望	【○で囲んでいる項目が私の想いです。】 1 －✕ 人工透析の開始を希望する 1 －Ⓑ 人工透析の開始を希望しない。 2 －✕ 人工呼吸器装着を希望する。 2 －Ⓑ 人工呼吸器の装着を希望しない。 3 －✕ 気管切開を希望する。 3 －Ⓑ 気管切開を希望しない。 4 －✕ 心臓マッサージなどの心肺蘇生を希望する。 4 －Ⓑ 心臓マッサージなどの心肺蘇生を希望しない 5 －✕ 胃ろうによる人工的栄養補給を希望する 5 －Ⓑ 胃ろうによる人工的栄養補給を希望しない 6 －✕ 鼻チューブによる人工的栄養補給を希望する。 6 －Ⓑ 鼻チューブによる人工的栄養補給を希望しない。 7 －✕ 点滴による人工的水分補給を希望する 7 －Ⓑ 点滴による人工的水分補給を希望しない。 **事由記載欄** 死期が迫っているか否かの判断は難しいとは思いますが、私の尊厳を考慮していただき、延命のみに価値をおいた医療を私が望んでいないことをご理解ください。	
Ⅴ 代理人（代弁者）・続柄	代理人：○○文恵（△△） （石黒本人からのメッセージ） 自然の摂理にしたがって人生を卒業するという私の考え方は、たとえ、意思表明能力がなくなったとしても変わらないと思っています。 私の担当医師になった方は、私の意思を上記の代理人に確認してください。私の想いを代弁するように依頼していますので、その代弁を尊重してください。そして、代理人を冷たい人間だと責めないでください。	

本人自筆捺印　　住所　・・・・・・・・・・・
　　　　　　　　氏名　石黒　秀喜　印　　　　　　　（○○○年○月○○日署名）
代理人自筆捺印　住所　・・・・・・・・・・・
　　　　　　　　氏名　○○　文恵　印（続柄：○○）（○○○年○月○○日署名）

◎その後の更新状況
上記の事前指示内容に変更がないことを再確認した年月日は以下のとおりです。
　▲年△月▼日　確認
　▲年△月▼日　確認
　▲年△月▼日　確認
　・・・・・・

元気に老いるために私のからだをチェック

健康寿命のための観察記録

「メタボリック症候群」とは病気の名前ではありません。「死の四重奏（肥満、高血糖、高血圧、脂質異常）」などが原因で、突然死や脳卒中などによる寝たきりを起こさないための概念（考え方）なのです。

まだまだ長い人生を、楽しくすごすために心身の健康は第一。まずは、自分の生活習慣を知りましょう。

何を食べたか？　水分は？　便通は？　睡眠の状況は？　運動は？　誰に会ったか？　そんな具体的な日々の状況を丁寧に記録することで、自分の身体をより深く知ることができます。体調と生活習慣を見直そうというのが、ここでの提案です。

🔸「朝シャワー、昼食は単品、夜は簡単に」というのが、石黒秀喜の暮らしの基本形態です。「健康寿命のための観察記録」に毎朝記録することを習慣にしています。46頁の表が石黒の記録する内容の趣旨を説明したものです。

体脂肪率、内臓脂肪などの項目も、きっかけは「血圧が高い」と指摘を受け、血圧測定を始めたところ、影響因子として体重や食事内容など、どんどん興味の範囲が広がってこんな詳しい表になりました。項目は自分の暮らし方に合わせて工夫しましょう。

・石黒秀喜はお酒が大好き。誘われることも多いし、自宅でも晩酌は欠かしません。
　ときどきどうやって家に帰ってきたかの記憶がないことも……。
・「アルチューハイマー」を自認しています。
・数年前に、健康診断で痛風気味と言われました。

・万歩計をつけて歩いています。
・最近口腔ケアに関心があり、歯磨きに凝っています。
・血圧の薬を飲むようになりました。
・ここ数年、体重に変化なく、BMI・体脂肪率もOKです。

※ BMI（肥満度）＝ $\dfrac{\text{体重 (Kg)}}{\text{身長 (m)}^2}$

健康寿命のための観察記録 各項目の内容と目的

	生活リズム								測って記録							当日の出来事
	起床時刻	昼食内容	間食	最終飲食時刻	水分量	排便時刻	総歩行数	最高血圧	体重測定時刻	肥満度(BMI)	体水分率	喫煙の量	主な出来事、ストレスの負荷/発散、心身状況
前夜の快眠度	一日の生活リズムの始まり	痩せの人は低栄養防止、デブの人は肥満防止	痩せの人は低栄養防止、デブの人は肥満防止	食べてすぐに寝ると内臓脂肪が溜まる原因に、肥満防止のチェック	高齢者は脱水になりやすいので、水分摂取不足を戒める ビールなど酒類は水分に合めないこと	便秘は不快、食欲不振、低栄養などの原因となる 体重や血圧の数値に影響する	運動量確保のバロメーター 運動不足を戒める	140を超えないように生活リズムの調整に努力する	生活リズムの状況の影響を受けるので、測定時間の記録が必要	痩せ、肥満のチェック BMI=20~25を目標とす	脱水の徴候がないかチェック	できるだけ少なく、できればゼロを目指す	ミニ日記を付けることにより、その日の振り返り、おもしろかったこと、飲み会の趣旨、身体の状況、大きなリズムを把握ともりを閉じに防止につながる 記憶の想起トレーニングになる
◎○△×で表示													
前夜の飲酒量	朝食時刻	夕食の量	帰宅時刻	夜の歯磨レベル	体操運動	就寝時刻	血圧測定時刻	最低血圧	体重(kg)	対前日増減	内臓脂肪率	服薬管理	
継続的に記録すること、飲み過ぎを戒める	その日のエネルギー源の確保 体重や血圧の数値に影響する	痩せの人は低栄養防止、デブの人は肥満防止	外に出て活動している人の活動状況のバロメーター 外に出ない場合はこもり	8020(80歳になっても自分の歯を20本以上保とうという運動)の日々の実践 誤嚥性肺炎の防止	運動量と栄養が確保されないと筋肉量が減少し、体力、意欲が低下するので、その戒めとする	一日の生活リズムの終了時間 夜更かし、昼夜逆転の防止	生活リズムの状況の影響を受けるので、測定時間の記録が必要	90を超えないように生活リズムの調整に努力する	痩せの人は低栄養防止、デブの人は肥満防止	日々の動向を観察して、生活リズムを調整する	生活習慣病の元となるメタボリック症候群になることを戒める	指示された服薬とおりの服薬が、疾患の改善、悪化防止の最低条件 ◎×で表示 薬がない時は―	

表中の記号の内容は以下のとおりですが、自身の関心に合わせて記号を工夫してください。
睡眠状況：◎熟睡した ○△×で表示 ▲1本1本ていねいに磨いた
歯磨き：◎1本1本ていねいに磨いた △ゴミを取り除く程度 ×しなかった

健康寿命のための観察記録 記入例

(○年○月)

月日	曜日	前夜の快眠度	前夜の飲酒量	起床時刻	朝食時刻	昼食内容	夕食の量	間食	帰宅時刻	最終飲食時刻	夜の歯磨レベル	水分量	体操運動	排便時刻	就寝時刻	総歩行数	血圧測定時刻	最高血圧	最低血圧	体重測定時刻	体重 (kg)	肥満度 (BMI)	対前日増減	体水分率	内臓脂肪率	喫煙の量	服薬管理	主な出来事、ストレスの負荷/発散、心身状況	当日の出来事
0月1日	[木]	◎	休肝日	6:10	7:00	ラーメン	若干		21:00	22:00	◎	1500	◎	8:30	23:00	14,032										x	─◎	出張:老い支度講座講演	主な出来事、ストレスの負荷/発散、心身状況
2日	[金]	◎	若干	5:20	7:10	ラーメン	若干		22:40	21:30	◎	1200	△	15:00	23:10	9,935	6:00	125	81	6:10	65.70	23.6	0.30	57.0	12		─◎	ケアマネテキスト原稿作成、飲み会	
3日	[土]	○	そこそこ	5:30	7:20	サンド・ミルク	満腹		19:00	22:50	◎	1000	◎	8:00	23:30	10,872	6:10	125	78	6:20	65.65	23.5	-0.05	56.5	12		─◎	反省会	
4日	[日]	◎	かなり	6:20	7:00	そば定食	食べ過ぎ			20:30	◎	1000	◎	—	21:30	12,425	6:40	127	84	6:50	66.15	23.7	0.50	55.7	12		─◎	育孫	
5日	[月]		記憶喪失	6:40	7:30	天ぷら定食	そこそこ		21:00		x	不明	x	6:40	21:10	10,067	7:00	133	83	7:10	64.95	23.3	-1.20	54.1	13		─x	ヘルパー OJT 資料打ち合わせ、懇親会	
6日	[火]	○	そこそこ	5:40	7:10	駅弁	満腹		22:00	20:30	x	1300	◎	6:10	22:30	9,903	6:00	129	86	6:30	64.65	23.2	-0.30	55.0	12		─◎	社福法人評議委員会	
7日	[水]	◎	かなり	4:20	8:30	焼き魚	食べ過ぎ		17:00	21:00	◎	1000	◎	7:00	22:40	12,682	7:30	120	76	7:40	65.30	23.4	0.65	55.3	12		─x	認知症カフェ	
8日	[木]	◎	休肝日	5:40	7:30	サンド・ミルク	若干		20:40	21:30	△	1500	x	7:00	23:00	5,998	6:30	126	78	6:40	65.95	23.6	0.65	54.9	12		─◎	認知症セミナー受講	
9日	[金]	○	缶2本	5:50	7:20	サンド・ミルク	若干		21:30	20:30	△	1500	x	—	22:20	7,890	6:20	138	83	6:30	65.60	23.5	-0.35	56.8	12		─◎	認知症の人と家族の会	
10日	[土]	○	かなり	6:10	7:20	冷やしソバ	そこそこ		21:50	21:10	◎	1300	◎	8:00	22:10	13,175	6:40	121	80	6:50	65.45	23.5	-0.15	57.2	11		─◎	バドミントン、反省会	
11日	[日]	◎	サンド・ミルク	5:50	8:00	サンド・ミルク	そこそこ		19:50	22:30	◎	1300	◎	16:00	22:40	11,661	6:10	136	88	6:20	65.85	23.6	0.40	56.8	12		─◎	講演会資料作成	
12日	[月]	◎	缶3本	6:50	7:40	ソバ			19:00	20:50	◎	1000	◎	7:50	21:00	11,963	7:30	116	76	8:00	65.80	23.6	-0.05	56.7	12		─◎	歯科定期健診、TV 録画	
13日	[火]		記憶喪失	5:00	8:00	弁当	食べ過ぎ		23:00	22:30	◎	800	◎	5:30	22:10	12,085								56.1			─◎	出張:若年性認知症を支える会	
14日	[水]	◎	かなり	5:00	7:00	寿司	そこそこ		21:00	20:50	△	1000	◎	6:00	23:10	11,250								55.6			─x	出張:ユニットケア分科会	
15日	[木]	○	そこそこ	6:30	7:30	刺身	そこそこ		14:00	22:30	◎	1300	x	9:00	22:50	3,085								54.8			─◎	出張:社福法人評議委員会	
16日	[金]	○	そこそこ	6:00	7:40	そうめん			22:30	21:40	◎	1000	◎	13:30	22:40	9,871	6:30	139	88	22:50	64.95	23.3	-0.85	55.2	12		─◎	東京に戻り、会議出席、懇親会	

3部 元気に老いるために私のからだをチェック

【フレイル予防の考え方】

「フレイル」という言葉を聞いたことがありますか？ フレイルとは、「虚弱」を意味する言葉で、健康と病気の中間段階を指しています。2014年に日本老年医学会が、この段階になることを予防したり遅らせることが可能であることを普及するために、新たな言い方を提案しました。これまでは、加齢に伴う老化現象として、筋力や活力が衰えて虚弱になるのは仕方のないこと、とあきらめていましたが、実は予防が可能らしいのです。

東京大学の高齢社会総合研究機構が、千葉県柏市の高齢者2000人を対象に調査した興味深い報告を読んだことがありますので紹介します。それによれば、健康長寿な人に共通してみられた要因は、次の3点であったとのことです。

	健康長寿の要因	その理由として考えられること
①	社会性があること	人との交流があって、他者から承認されていることが、精神活動の活性化、意欲の維持につながる。孤立化しない。
②	毎日よく動くこと	動くことが、筋肉や骨の再生産のために不可欠であり、体力の維持につながる。
③	よく肉料理を食べること	肉には動物性タンパクが多く含まれており、その栄養摂取と運動の相乗効果により、筋肉の減少を防ぐことにつながる。

この3つの要因のなかで、最も重要視すべきは「社会性」であると結論づけており、筋力が衰える（サルコペニア）から、出不精になって閉じこもり虚弱化していくのではなく、社会性の縮小がサルコペニアにつながる、という調査報告は目から鱗でした。

フレイルに至る負の循環を図にすれば、次のようなイメージになります。

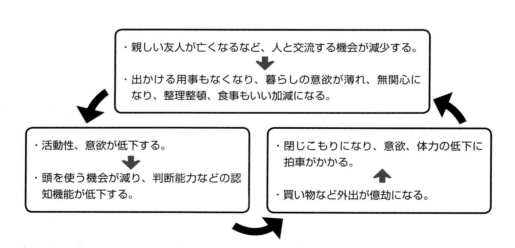

このような左回りの負の循環に陥らないために、健康寿命のための観察記録をつけて、フレイル予防の3大要因である社会性、運動、食生活に加え普段の体調を整えるために重要な睡眠、水分摂取、排便などの日々の生活リズムを自己点検することによって、認知症のリスクを減らす努力をしましょう。